Les couleurs de l'agonie

Les couleurs de l'agonie

Nathan Seillès

Les couleurs de l'agonie

Trente poèmes pour dialoguer avec la mort

© 2023, Nathan Seillès

Édition : BoD - Books on Demand, info@bod.fr

Impression : BoD - Books on Demand, In de Tarpen 42, Norderstedt (Allemagne)

Impression à la demande

ISBN : 978-2-3225-0317-9

Dépôt légal : novembre 2023

Préambule

Dans toute littérature, la mort constitue une épreuve. Du deuil à sa propre fin.

On a alors tendance à s'en écarter, à chercher la joie et le beau pour ne pas y penser.

Pourtant, chaque façon de perdre la vie correspond par nature à une façon d'avoir vécu.

Ainsi, accepter la mort c'est embrasser la vie.

Peut-être que le lecteur averti ne verra plus que trépas dans ces poèmes contemporains qui puisent leur inspiration dans le classicisme, mais le courage, l'espoir, la liberté, la folie, l'esprit, la mélancolie, la vertu ...

Embarquons ensemble dans ce voyage d'outre-tombe qui éclaircira ce qui semble obscur.

En fin de compte, que sont les couleurs si ce n'est un prisme par lequel nous percevons ce qui nous entoure ?

Changeons-le quelques instants.

Sommaire

I - Histoires d'antan

II - Plume et papier

III - Contemplation

Première partie

Histoires d'antan

Quelques arrêts dans un monde imaginaire ressemblant de toutes pièces à la France du XVIIème siècle

L'enfant

Au beau milieu d'une verte prairie
Se trouve une ridicule masure
Dont sort l'enfant, de retour pour midi
En bonne foi, à sa mère, il le jure

Le voilà gambadant parmi les champs
Quand soudain il entend au loin gémir
Mais qu'est-ce qui peut être si bruyant ?
Il décide alors d'aider ce martyr

Mais une fois cette butte franchie
Il aperçoit un étrange spectacle
Les gémissements s'accordent un répit
Perçoivent-ils en l'enfant un miracle ?

Des gens dorment en un ruisseau vermeil
"Épuisés, se dit l'enfant, quelle fête !"
Tout doucement sans troubler leur sommeil
"Oh ! Ce vin leur est monté à la tête !"

Son regard se pose sur un monsieur
"Quels beaux vêtements" dit-il en se jetant
Sur eux : promis il n'en prendra pas deux
À cet homme au sourire bienveillant

Pliant le manteau pour qu'il ne se froisse
Notre enfant repart en chantant gaiement
Couvrant le refrain des corbeaux qui croassent
Porté par-delà les prés par le vent

Paisible

Il fut une fois un marin que l'histoire oubliera
Jeune et vigoureux l'attrait de la mer le motiva
Son père pourtant l'eut sermonné pour qu'il étudiât
Avec sérieux les traditions des pêcheurs d'autrefois

Immense fut la fierté de sa mère lorsque toqua
À la grande porte en bois de leur petite villa
Un fier capitaine dont l'audace ne manquait pas
Bombant le torse et plaçant son képi, il s'écria :

"Au nom de la marine royale : salutations
L'armée a besoin de soldats tels que vous mon garçon
Il nous faut des gens forts pour défendre notre nation
Que diriez-vous de suivre nos gars au son des clairons ?"

Sa mère au bord des larmes ne cachait nullement sa joie
Son père, fils, petit-fils de marins, l'encouragea
Pourtant, contre toute attente notre ami refusa
Claquant sèchement la lourde porte en bois il s'en alla

L'officier de marine laissé dans tous ses états
Jura que bientôt de la famille on se moquera
Sa mère abattue tenait entre ses mains le contrat
Que le capitaine au pas de la porte lui jeta

Son père contemplait au mur le portrait de Grand'pa
Lui aussi officier, beau, fier, en tenue d'apparat
Lignée de grands marins brisée : il ne comprenait pas
Peu après, où était son fils ? Il se le demanda

Il s'aperçut, un peu tard, qu'il avait quitté les quais
Avec pour seule embarcation, leur élégant voilier
Son père et sa mère le voyaient tranquillement s'éloigner
Glissant au milieu de l'écume de la mer bleutée

Étouffé par la lueur du crépuscule embrasé
Ivre de liberté, leur unique et cher fils partait
Refusant le dictat de ses parents, de l'officier
Il tenait à devenir maître de sa destinée

La légende conte qu'il erra livré à son sort
Délivré de ses entraves qui lui étaient pénibles
Englouti par l'océan avide il trouva la mort
Il repose maintenant parmi les noyés, paisible

La visite

Dans une maison à la fenêtre entrouverte
Au milieu d'un terrain à la fine herbe verte
Il était, le corps de tout son long étendu
Fier et stoïque : toute peur semblait exclue

Son verre d'or était tombé à la renverse
Son manteau trempé semblait avoir pris l'averse
Le visage ensoleillé, ouvrant grand les yeux
Sa bouche inclinée ; un sourire malicieux

Semblant contempler au-delà quelques pinsons
Le front vers le haut, heurtant presque le plafond
De moulures et habillé de solides poutres
Lustres et autres apparats y pendaient en outre

Le visage sec, pâle et l'allure enfantine
Il ne sourcillait pas : mais quelle discipline !
Seules ses épaules oscillaient au gré du vent
S'accélérant au vu de l'orage latent

L'on aurait dit qu'il fut soudain pris d'impatience
On le faisait attendre ; quelle impertinence !
Il patientait ici depuis plusieurs nuitées
Tel destin funeste de ce comte oublié

Des hommes toquèrent à la porte avec ardeur
Ils se présentèrent comme les fossoyeurs
Mais ne pouvant ouvrir car attaché au col
Il attendait, ses pieds ne touchaient pas le sol

Testament

Voici mon cher fils
Les conseils d'un père
Pour que se ternissent
Les armes de guerre

Honore soldats
Et preux chevaliers
Œuvrant pour ne pas
Te voir succomber

Acclame les prêtres
Portant au royaume
L'âme des ancêtres
Plus que des fantômes

Aime tous les gens
Qui font société
Plutôt que l'argent
Promeus la piété

Vois les magistrats
Comme les garants
Des précieuses lois
De nos habitants

Je te les confie
Car je crois en toi
Dieu m'a accueilli
Fils, te voilà roi

Le Roi et le Marquis

Certaines histoires d'antan relèvent du génie
Parmi elles l'une sombra peu à peu dans l'oubli
Celle d'un marchand dont son prestige le fit marquis
Son influence était telle que le Roi l'anobli

Mais il conviendra quand même de préciser qu'aussi
Leurs liens évoluèrent au point qu'ils devinrent amis
Il fut reçu en grande estime à la cérémonie
Dans laquelle demeuraient pourtant quelques
sournoiseries

En effet nos deux nobles cachaient un accord tapi
Le Roi avait pour le marchand un projet bien précis
Qui lui permettrait pour le fief qu'il avait envahi
De le soumettre entièrement comme il l'avait entrepris

Mais accorder sa confiance est un ambitieux pari
Car le marchand, comme le Roi, n'y voyait que profit
Ce dernier cherchant pour l'éliminer un alibi
Le Roi le voulait aussi avec un air de défi

Ils cherchaient à écarter l'autre avec divers outils
Leur peuple observant de ridicules péripéties
Il comprit que ce système devait être aboli
Dans lequel leurs chefs pour leur pouvoir entraient en
conflit

C'est alors que celui que l'on appelait "Le Petit"
D'ordinaire aimable, gentil, timide et sans souci
Qui n'était pas le fils du barde mais son apprenti
Saisit son arc et tira dans la tête du marquis

Heurta la table la tête de laquelle le sang gît
Le Roi s'agenouilla face à cette foule enhardie
Les larmes aux yeux, apeuré, il quémanda sa merci
Qu'on lui accorda mais de ses fonctions il fut démis

On le vit donc en courant entre les bancs qui s'enfuit
Manipulation et quête de pouvoir en dépit
De valeurs humaines que pourtant toujours il promit
Sang, colère et violence, tel en a été le prix

Un matin au village

Au petit matin réveillé par la cloche tintant
J'ouvris mes volets, perçus mon voisin me saluant
D'un signe de main, la secouant avec insistance
Il me fixait en m'interpellant avec véhémence

Le voyant s'approcher de ma maison je m'éclipsai
Préférant bien la douceur du silence à discuter
Une fois que je revêtis ma tenue et fut chaussé
Je sortis de chez moi par la grande porte d'entrée

La fille du maire accélérait en m'apercevant
Il est certes vrai que je ne fus que peu courtisan
Ma nature réservée peut me rendre un peu grossier
Qu'on ne doute en rien pourtant de ma bonne volonté

D'ailleurs je décidai de saluer la mère Aulet
En train de crier au milieu des étals de marché
Apparurent de somptueux cavaliers au galop
Du seigneur des environs ils demeuraient ses vassaux

Des musiciens jouaient cors et clairons dans notre village
Contrastant avec le calme (rues d'ordinaires sages)
Courant tous en ribambelle les enfants s'amusaient
L'un des chérubins, au beau milieu du chemin, dormait

M'étonnant qu'au lieu de jouer avec les autres petits
Ce dernier s'était, dans un endroit étrange, assoupi
Les enfants resteront pour l'homme un mystère à percer
J'ignorais bien à quelle logique ils obéissaient

Le chien du meunier s'agitait, renversant les tonneaux
Qui avaient été rangés par le brasseur au cordeau
Il flottait l'odeur agréable du feu de chaumière
Les habitants se hâtaient vers l'église et la prière

Les cloches n'avaient pas cessé leur pénible vacarme
Je vis le boucher au coin de la rue prendre les armes
J'observais sur la plage accoster d'immenses galères
Autour de moi les habitants s'affairaient : ah, la guerre !

Au milieu des champs

Nous étions au cours d'une courte soirée de printemps
Où les nuages gris laissaient place au soleil couchant
Dans la terre meule et le foin frais, au milieu des champs
Auxquels œuvrait à la tâche un modeste paysan

Il travaillait proche des prés depuis des jours durant
Il frappait ainsi énergiquement la terre en chantant
Quand s'arrêta sur le chemin de derrière un passant
Bien vêtu, dressé sur sa monture, en l'interpellant :

- Que fais-tu si tardivement en ce couvre-feu,
  manant ?
- Je travaille sir, les jours sont courts, je manque de
  temps
- Mais tes terres sont petites, tu n'es qu'un fainéant
- Oh, ciel ! Je ne cultive point, j'enterre mes
  enfants
- La peste me les a pris ce jour, ils étaient mourants
  Et la semaine passée elle a emporté maman
  La première à partir était ma femme un jour
  avant
- Mais pourtant les médecins distribuent des
  médicaments
- Ils m'ont été refusés trois fois par notre tyran
  Je restais donc auprès de mes enfants agonisants

Le passant devait être des seigneurs environnants
Non seulement le plus riche mais sûrement le plus
puissant
Tournant la tête, il vit des dizaines de trous béants

Il invectiva donc le paysan s'interrogeant
Il se vit répondre par ce dernier en s'agitant
"Je dois me hâter, il me faut enterrer mon fils Jean
Savez-vous qu'il m'a quitté il y a quelques instants ?"

Pourtant, sur un trou pour être de culture trop grand
Il vit gravé que Jean était parti il y a trois ans
Notre seigneur pris de panique fuit en se hâtant
Le paysan battait la terre vigoureusement
Tout en récitant tranquillement son requiem d'antan

Le garçon en charrette

C'était une matinée printanière
La voilà qui attendait comme hier
Assise au calme devant sa maison
Le passage de ce jeune garçon

Oh, celui-ci n'était pas un amant
Des années elle en avait connu cent
Elle était bien lasse pour ces amours
Et toutes les promesses pour toujours

Ce "monsieur" comme il voulait qu'on l'appelle
Criait son nom, proposant qu'on l'épelle
Pour gagner tout doucement la confiance
Des gens qui le voyaient avec méfiance

La vieille dame attendait le matin
Le beau jour où elle pourrait enfin
Partir avec le garçon en charrette
Elle attendait devant sa maisonnette

À la maison le garçon s'arrêta
Pour enlacer la dame dans ses bras
"T'en fais pas va, et rêve avec passion"
Puis il la plaça dans l'embarcation

Et le convoi démarra sans appel
Rejoignant sa mère et celle avant elle
Au cours de ce bien pénible parcours
Qui ne serait qu'un aller sans retour

"L'homme"

À l'orée d'un bois coloré par les bourgeons
Le printemps laissant place à quelques floraisons
C'est une forêt comme nous l'imaginons
Où les pins se noient dans tous les champs de cressons

Celui que nous nommerons "l'homme" s'affairait
Sous ses coups de hache les chênes s'affaissaient
Il les sciait en petits bouts puis les jetait
Projetant d'amorcer l'entretien du chalet

Quand soudain les branches se mirent à gémir
Les corbeaux semblaient alors crier au martyr
Les nuées de moineaux s'empressèrent de fuir
L'homme entendit des chevaux au galop venir

Se présenta un des émissaires du roi
Aux côtés de soldats montés sur leurs palefrois
Il lui indiqua qu'il lui laisserait le choix
Mais qu'il se devait de faire appliquer la loi

Il cria que ces terres étaient siennes au seigneur
La guerre causant des réquisitions d'ampleur
Il serait logé aux côtés des artilleurs
Lui sommant d'accepter pour éviter tout heurt

On parlait de choix mais pourtant qu'en était-il ?
Sa terre ou la vie, tout débat était futile
Résister ? Il serait mort d'un battement de cils
Il décida alors de rester immobile :

"Je me trouve sur la terre de mes ancêtres
J'ai l'air modeste mais c'est ce que je semble être
Vous me provoquez dans ma demeure : allez paître !
Je suis chez moi parmi les pins, chênes et hêtres"

L'homme aurait voulu terminer ces quelques mots
Dire que de son roi il fut l'un des vassaux
Que ses fils étaient morts en portant le drapeau
Qu'il préféra vie simple à vie de nobliau

Mais tandis qu'il parlait l'un d'eux saisit sa lame
Et d'un coup sec frappa l'homme sans états d'âme
Qui semblait abasourdi par ce geste infâme
Voici la cruauté qu'afficha le vidame

L'homme s'effondra en percutant les buissons
Il voyait ses batailles et le chant des canons
Puis il vit arriver ses fils plein d'ambitions
Et entendit la forêt murmurer son nom

Un oiseau

Un soir d'été au ciel ensanglanté
Masqué à la vue de tous les passants
Par la demeure du comte d'Arlier
Des gens bien vêtus passaient du bon temps

Un filet de vin s'échappait des fûts
Que l'un de ces convives entièrement ivre
Avait heurté au milieu du raffut
Après un fou pari pour quelques cuivres

Puis à l'autre extrémité du jardin
Deux hommes se livraient à un combat
Pendant qu'au fond et d'un air anodin
Un couple s'adonnait, en pleins ébats

On trouvait près de l'entrée du manoir
Un groupe de bouffons et de chanteuses
Qui s'appliquait pour ne pas décevoir
Leur clientèle des plus prestigieuses

Assise à la fenêtre de sa chambre
La comtesse guettait tel un gendarme
Elle posa la main sur son collier d'ambre
Un homme fut pourfendu par son arme

Tous rirent alors que l'un laissa sa peau
Il n'y avait que débauche à ses yeux
Elle les leva et perçut un oiseau
Et quel oiseau : une mésange bleue

29

Deuxième partie

Plume et papier

Se laisser emporter par les émotions de ces personnages fictifs cherchant le dialogue

En larmes

Si tu étais le soleil perçant les nuages
Je serais ton reflet dans les vagues et la plage
Mais comme tu n'es plus qu'une terne lueur
Je ne suis dès lors que le miroir de ta peur

Si tu étais, un soir de printemps, la tempête
Je serais ce blé dans les champs baissant la tête
Mais comme tu n'es qu'une brise du matin
Je ne suis qu'un roseau isolé, incertain

Si tu étais la colère de l'océan
Je serais ce marin sur la côte admirant
Mais comme tu n'es que le frétillement d'un lac
Je ne suis que l'enfant fasciné par la flaque

Si tu étais le grondement sourd du tonnerre
Je serais, en déchirant le ciel, tes éclairs
Mais comme tu n'es que la grisaille d'un soir
Je ne suis que la pluie qu'à l'abri on voit choir

Si tu étais la neige couvrant la montagne
Je serais la douceur du froid qui t'accompagne
Mais comme tu n'es qu'un simple flocon fugace
Je ne suis qu'un souffle te poussant vers la glace

Si tu étais la femme que je connus : toi
Je serais celui qu'un soir tu rencontras : moi
Mais comme tu n'es qu'un corps malade et souffrant
Je ne suis qu'un homme en larmes t'abandonnant

Invincible

J'ai connu la déception
Et mon esprit en hayons
Je chutais de hauts sommets
En mon âme dépitée

Ô ! Je connus l'abandon
Bien familière chanson
Me voilà seul parmi tous
Quelle solitude douce

J'ai assisté à la perte
Les chemins se scindent certes
Mais plus longs sont l'un ou l'autre
C'est qu'unis qu'on est apôtres

J'ai affronté la colère
Puis mon intérieur en guerre
Succombant à mes pulsions
Annihilant mes passions

J'ai combattu le chagrin
M'emportant, ruisseau sans fin
J'échouais comme un naufragé
De son radeau prisonnier

Je suis fort de mes épreuves
Je le crie, j'ai fait mes preuves
Tout mon corps est pris pour cible
Mais me voilà invincible

Rêveries

N'avons-nous jamais rêvé d'aventures ?
Alors pourquoi fermons-nous chaque jour
La porte du geôlier de quatre murs
Qui n'attend de nous que notre retour ?

N'avons-nous pas rêvé de liberté ?
Alors pourquoi écouter tous ceux qui
Nous dictent leurs morales hébétées
Dont le chant nous entrave sans un bruit

N'avons-nous pas seulement rêvé d'amour ?
Alors pourquoi laisser ceux qui l'ignorent
Décider qui nous aimons pour toujours
Au lieu de délivrer les chercheurs d'or ?

N'avons-nous jamais rêvé de courage ?
Alors pourquoi laisser mourir nos rêves ?
Pourquoi s'écrivent-elles seules ces pages
De notre existence pourtant si brève ?

N'avons-nous pas un jour rêvé d'esprit ?
Alors pourquoi refuser de penser
Et accepter que cette mélodie
Nous fasse corps aux âmes amputées

N'avons-nous tout simplement pas rêvé ?
Alors pourquoi laisser cette musique
S'en prendre à nos rêves et les étouffer
Au lieu de livrer nos combats épiques ?

Ne pleure pas

Inspiré de <u>Do not stay at my grave and weep</u> de Mary Elizabeth Frye

Que tes larmes coulent à flots
Pourtant jamais ne t'apitoie
Ne pleure pas sur mon tombeau
Je n'y suis pas, je ne dors pas

Je suis les roseaux s'inclinant que balaie le mistral
Je suis le cri des marchands provençaux face aux étals

Je suis l'écoulement sans fin que produit la Durance
Je suis l'eau déferlant de Sillans avec abondance

Je suis tous les reflets sur les vitraux de La Major
Je suis l'âme de la Bonne Mère qui ne s'endort

Je suis les cent parfums émanant des champs de lavande
Je suis le vent soufflant les prés d'été jonchés d'amandes

Je suis le calme du matin sur les quais du Vieux port
Je suis, derrière le Pharo, la lueur de l'aurore

Je suis le ruissellement de la Fontaine moussue
Je suis le râle des marins défunts ; ces vies perdues

Je suis l'odeur du thym qui encense le Luberon
Je suis le drapeau des Baux flottant seul à l'abandon

Je suis le bruissement des vagues s'échouant sur la rive
Je suis la ferveur animant ton cœur pour que tu vives

Je suis l'écume des voiliers laissée dans leur sillage
Je suis l'espoir de notre peuple traversant les âges

Je suis le ciel rougeoyant de l'Estaque au crépuscule
Je suis la joie des enfants qui, sous les pins, gesticulent

Je suis l'orchestre caché dans les arbres des cigales
Je suis le chant des noyés, cette complainte abyssale

Je suis dans la brume et les eaux
Je suis la vie autour de toi
Ne pleure pas sur mon tombeau
Je n'y suis pas, je ne meurs pas

Terre et mère

Assis sous l'olivier
À l'ombre du feuillage
Elles filaient mes pensées
Par-delà les branchages

Mes pieds perçaient le sol
Mes orteils valsaient
Parmi les herbes folles
Et la terre en fumée

J'étais comme l'enfant
Prisonnier de sa mère
Dedans se débattant
S'agitant en colère

Me voilà pourtant seul
Orphelin oublié
Attendant mon linceul
Pour me faire enfanter

Je chantais la complainte
"Ce qui vient de la terre,
Récitai-je sans crainte,
Reviendra à la terre"

40

Ôde au trépas

À tous les braves marins allant à leur perte
Que serait l'aventure sans crainte et danger ?
Leurs corps sombrant lentement dans les eaux, inertes
Embrassant les appels des abysses, apaisés

Le déchu préférant au tabouret la corde
Indécis toute sa vie, fier de son courage
Délaissé par son dieu et sa miséricorde
Il décida d'écrire une nouvelle page

Le soldat touché, seul au sol, agonisant
Se remémorant, paisible, sa belle vie
S'étouffant tout doucement dans son propre sang
Fier de lui, il tenait fermement son fusil

Et d'un malaise s'effondre le comédien
Quel joli renversement de situation !
Après tout, sorti de la scène il n'était rien
Le public saluant toutes ces émotions

Il combattait vainement un cruel cancer
De tous ses travaux il était débarrassé
Retira les tuyaux qui lui apportaient l'air
Aux entraves de l'agonie, la liberté !

À nous tous à qui on a imposé de vivre
Lorsque les malheurs pèsent sur notre conscience
Quand de la sentence on attend qu'on nous délivre
Le trépas est moins sinistre qu'on ne le pense

Complainte de l'existence

À tous les braves marins allant à leur perte
Laissant leurs enfants et leurs veuves démunis
Leurs corps sombrant lentement dans les eaux, inertes
Luttant en vain face aux abysses sans merci

Le déchu préférant au tabouret la corde
Pour affronter l'existence il était trop couard
Délaissé par son dieu et sa miséricorde
Il abandonna sa propre vie d'autre part

Le soldat touché, seul au sol, agonisant
La larme à l'œil en pensant à sa vie trop brève
S'étouffant tout doucement dans son propre sang
Combattant futilement pour sa vie qui s'achève

Et d'un malaise s'effondre le comédien
Ô ! Ce pauvre homme privé d'instants de bonheur
Après tout, sorti de la scène il n'était rien
Drame n'est que comédie clos par un malheur

Il combattait vainement un cruel cancer
Retardant l'instant où il devait dire adieu
Retira les tuyaux qui lui apportaient l'air
Comment osa-t-il ? La vie n'est en rien un jeu !

À nous tous à qui on nous a offert de vivre
Ensemble nous combattrons contre le trépas
Pour honorer ce cadeau il nous faut poursuivre
À terme l'existence qu'on nous accorda

En chanson

Tous étaient animés par ma chaleur
Aux fêtes où je portais mes instruments
Pour proposer un air gai dans le vent
En dansant tous m'appelaient le chanteur

Toute occasion se prête à la musique
Entraînés, les uns se serrent aux autres
À nous chanteurs ce succès est le nôtre
Quand nous portons cet entrain au public

Je me rappelle d'un de ces mariages
Où j'interprétais un air délicat
Et les convives riaient aux éclats
Quel magnifique moment de partage

Et puis il y eut cet anniversaire
Au rythme des mélodies agréables
Ils dansaient, en l'abîmant, sur la table
Ivres de joie ils n'en ne s'en souciaient guère

Je les rejoignais dans la farandole
Sautant au milieu des chants et des cris
Quel bonheur, j'étais dans un paradis
Me voilà un ange sans auréole

Mais je suis ramené à la raison
Pour, à ma femme, faire mes adieux
Un morne voyage en linceul soyeux
Au ciel elle se rend ce jour, en chanson

Je m'envole

Trop de temps perdu je m'envole
Au-delà des personnes ternes
Qui prêchent la bonne parole
Et de toutes ces balivernes

Ne pouvant vaincre l'agonie
Ne pouvant qu'attendre je prie

Perdu je m'envole
Toujours entouré
M'effondrant au sol
Juste un naufragé

Ne pouvant couler
Ne pouvant qu'errer

Perdu je vole
Je dois partir
Pensées frivoles ?
Faites-moi rire

Pouvant le faire
En être fier

Je vole
Derrière
La molle
Lumière

Vole

Je n'ai pas peur

J'ai souvenir lorsque j'étais enfant
Devoir courir au portail verrouillé
Veillant qu'il l'est dans la nuit que je fends
Parmi les ombres je suis effrayé

J'ai souvenir à la chasse un matin
M'être trouvé à un loup nez à nez
Peur de si jeune finir en festin
Je reste immobile et tétanisé

J'ai souvenir que proche d'un ruisseau
Je marchais tranquillement dans les bois
Quand je tombe sur un dormeur des eaux
Je reste face au corps avec effroi

J'ai souvenir qu'un grand feu de forêt
Couvre le ciel écarlate en sa teinte
Alerter de ce qui vient des vallées ?
Non, je reste dévoré par la crainte

J'ai souvenir que tu veux prendre l'air
Pour chasser ces fantômes qui te hantent
Fenêtre ouverte et tu finis à terre
Je ne dis rien car glacé d'épouvante

Aujourd'hui en proie à la maladie
Je me sais vaincu et pourtant vainqueur
La nuit vient chercher mon âme en sursis
J'attends le trépas et je n'ai pas peur

51

Troisième partie

Contemplation

Personne n'est seul : tout ce qui nous entoure affronte les mêmes combats que chacun de nous

Crépuscule

Mais quel est au loin ce brasier ?
Consumant goulûment le bleu
Du ciel pris en proie sans pitié
Qui vaincu marque ses adieux

Ô ! Pauvre ciel si innocent
Dont s'éteint ton reflet placide
Du soleil tu es son parent
Quelle triste entreprise parricide

Je vois tes couleurs se débattre
Qui espèrent au loin un miracle
Combattant les lueurs rougeâtres
Offrant une ardente débâcle

Voici qu'émanant des collines
Surgit cet astre condamné
Avec sa lumière assassine
Incendiant toute volupté

Entraînant son père en sa mort
Refusant son seul sacrifice
Ciel soumis à son triste sort
Accepte le choix de son fils

54

Ce cycle en consent un nouveau
La lune et ses lueurs pâlottes
Arrive en son sombre manteau
Et remplace nos anciens hôtes

Nuit étoilée

Sans distinguer le bleu obscur du ciel
Mes paupières s'agitent et papillonnent
M'allongeant dans une couche informelle
Parmi les discrets grillons qui chantonnent

Quelles sont toutes ces lueurs au loin
Bravant la couleur nocturne des cieux
Avant de s'éteindre chaque matin
Après avoir brillé de mille feux

Je sens son manteau recouvrir mon corps
Bien qu'innocent, soumis à son verdict
Abandonné, condamné à mon sort
Qui pourrait faire face à sa vindicte ?

Quand soudain une traînée lumineuse
Vient majestueusement perforer
Le ciel aux cent lumières capricieuses
M'invitant les yeux clos à faire un souhait

Je fouille alors mon esprit torturé
Toujours au sol et le regard en l'air
Mais que peut bien-t-elle m'offrir si ce n'est
Que seulement mon corps demeure à la terre ?

Lueur à sonnet

Ô ! Flamme je te vois danser sur ton perchoir
Toi, reine réprouvée sur ton trône de cire
Puis d'un pincement ils ont préféré t'occire
Seule au milieu de la pièce on t'a laissé choir

Ton siège larmoyant te menait à ta perte
Chère Dame embrasée : même cette assurance
N'aurait pas suffit à sauver ton espérance
L'obscur a triomphé car te voilà inerte

Autour de ton tombeau il n'y a que noirceur
Car se recueille ici la nuit : ton âme-sœur
La voici sur ta dépouille à s'apitoyer

Désormais sans clarté repose la chaumière
Brasier que toutes les lueurs devront choyer
Car la plus sombre pleure quand meurt la lumière

À l'océan

Ouvrant les yeux, éveillé
Je contemple l'infini
Sur la proue fragilisée
Et attentif à tes cris

Cette sinistre complainte
Qui me déchire le cœur
Retraçant toutes tes craintes
De par ce chant aguicheur

Tes vagues se jettent hurlantes
Se heurtant à mon radeau
Cet esclandre qui me hante
Me prive de tout repos

Et puis il y a ce bleu
Qui cherche à me dévorer
Et de moi le bienheureux
Il fera une bouchée

Car ce n'est pas sans ferveur
Qu'un matin je pris la mer
De ma fin j'en suis l'auteur
Loin de chez moi, de mes frères

Ô ! Sombre océan cruel
Tu auras certes mon corps
Mais quant à ma pauvre âme, elle
Ira au ciel en essor

À la rivière

Jamais ne cesseras-tu de te plaindre ?
En gémissant dans toute la forêt
Plutôt qu'écouter tu préfères geindre
Alors que par tous tu es adorée

Te sens-tu prisonnière de ton lit ?
Pourtant les branchages que tu emportes
Sont bien entravés par ton énergie
Ce ne sont pour toi que des feuilles mortes ?

Tous les enfants gesticulent à tes pieds
Ils jouent en toi, rient, pleurent et s'éclaboussent
D'autres ricochent avec quelques galets
Et avec eux, tu te montres si douce !

Voilà que tu continues tes caprices
En défiant tous les bois avec tes crues
Rivière, comment veux-tu que je puisse
Comprendre ta fureur qui s'est accrue ?

Je t'aperçois dévaler la montagne
Emportant arbres et fleurs au passage
Jusqu'à ce que la colère te gagne
Et qu'il ne reste rien dans ton sillage

À moins que tu pousses des cris de joie
Que l'écume n'est que danse effrénée
Un vaste appel à ton monde sans lois
Et ton chant une ode à la liberté

Brise et mistral

C'était un soir d'été
Les bras tout étendus
Je me laissais aller
À mes relents perdus

Le vent sur mon visage
Emportait mes espoirs
Car tourner cette page
Il allait bien falloir

Tous les oiseaux au loin
Combattaient les bourrasques
Contractant mes deux poings
Je jette enfin mon masque

S'en prenant aux branchages
Aux roseaux et bâtisses
Le vent souffle sa rage
Sur mon corps qu'il tapisse

Il battait ce mistral
Tout ce qui l'entourait
On entendait son râle
Qui criait "Liberté !"

Mais sur moi souffle un air
Qui se prête à ce vol
Brise à saveur amère
Qui m'accompagne au sol

Ballade un soir d'été

Le soleil brûlant irradiait
Le ciel innocent quelques temps
Pendant que parmi les forêts
On apercevait voletant
Quelques oiseaux perchés chantant
Sur les collines qui surplombent
Toutes les cultures et les champs
Sur lesquels la douce nuit tombe

Plus bas une dame marchait
Avançant paisible en sifflant
Levant la tête elle contemplait
Les volatiles accompagnant
En une danse dans les vents
L'astre incandescent qui succombe
En de clairs halos élégants
Sur lesquels la douce nuit tombe

Plus haut un homme se mouvait
Lui aussi était vigilant
Car pour ses proies il patientait
Il aurait ces moineaux pialliant
Mais ceux-là partent en s'envolant
Vers la dame vont les colombes
Depuis les monts un bruit s'entend
Sur lesquels la douce nuit tombe

Et voilà la dame accourant
Ô ! Paysage d'outre-tombe
Laissé par tous les oiseaux blancs
Sur lesquels la douce nuit tombe

Voyage parmi les fjords

Je fends les eaux à l'heure
Où la montagne pleure
Et sa mère en douceur
Enveloppe ses peurs

Petit ruisseau habile
Lentement se faufile
Et dès la première île
Heurte et s'arrête pile

Au milieu des murailles
Par-dessous la grisaille
Je salue le travail
D'Odin : cette médaille

Et d'ailleurs ses corbeaux
M'accueillaient au cordeau
Sur les vents boréaux
Ils volaient, quel fléau !

Rampant parmi les fjords
Sous la fureur de Thor
Debout je restais fort
Car autour tout m'honore

Vagabond sans chandelle
Colombe sans ses ailes
Rejoindrai-je le ciel
Ou les caveaux de Hel ?

Promenade en Alsace

Je vois quelques champs de maïs
Dont doucement les tiges se hissent
Vers le soleil pour qu'elles puissent
Grandir et devenir délice

Et de l'autre côté les vignes
Telles une armée formée en lignes
Majestueuse elle reste digne
Parmi les paysans qui signent

Puis descendant dans le village
D'Eguisheim aux ruelles sages
Et ses maisons aux habillages
Multicolores : quel voyage !

Le battant de la cloche cogne
La robe narguant les cigognes
Sur l'église livrant besogne
Pour construire un nid en gigogne

Et puis plus haut le Hohlandsbourg
Surplombant tous les alentours
Quant au beau milieu de sa cour
Règne en maître l'ombre des tours

Les quelques journées que je passe
L'hiver parmi marchés et glaces
Me montrent la beauté d'Alsace
Maintes fois brisée mais tenace

La mort dans l'arbre

À la lisière d'un bois
Se dressaient hêtres et chênes
Étouffant toutes les haines
Par leur grâce autour des voies

J'empruntais l'une de celles
Qui me semblait la plus claire
Puis un léger courant d'air
M'entraînait toujours vers elle

Et arrivant tout au bout
Je trouvais un simple tronc
Bien seul au sol : abandon
Dormant parmi les cailloux

C'est d'un sommeil agité
Par les quelques écureuils
Qui sautaient entre les feuilles
Que le défunt reposait

Les sangliers de la veille
Puis ces chouettes d'aujourd'hui
Et les hiboux de la nuit
Sans oublier les abeilles

Ce monde en lui s'agitait
Son cœur se voulait bien mort
Jamais il battu si fort
Et ce pour l'éternité